DIL SE JUDI 50 SHAAYARI'S

ALL ABOUT LOVE

DHANESH GHANASHYAM GAWDE

ISBN 979-888530674-4

Contents

Acknowledgements

Firstly I would like to thank my love,

my Friend, my Yaar, my Cutiepie

because she is the reason why I

selected this title of the book.

And I dedicate this book to her.

And last but not the least, my Mom Sonalee

Gawde for standing with me in all thick and thin.

She is a Ruby in my life.

Prologue

The book titled as Dil se judi 50 Shaayari's is all about true love. The author of this book has clearly mentioned how and in which way does he try to express his love towards his lover. As you read this book, it can bring tears to your eyes. The title mainly defines the person who capture your heart.

DIL SE JUDI 50 SHAAYARI'S

Chapter1

1. *Aakhri*

*"Ye raat aakhri huhi toh
Kya karoge,
Kal hum hee na rahe toh
Iss naarajgi ka kya karoge."*

2. **Rishta**

*Rota vahi hai jisne mehsoos kiya
Ho sacche rishtey ko,
Varna matlab ka rishta
Rakhne waalo ki aankhon mein
Na sharam hoti hai na paani".*

3. ***Jawaani***

*Jawaani ke laalach mein toh
bachpan gaya aur ab kaamyaabi
Ke laalach mein jawaani ja rahi
hai."*

4. ***Bewafa***

Itne bewafa nahi hai
Jo tumhe bhool jaayenge,
Aksar chup rehne waale
Pyaar bahut karte hai."

5. <u>**Gussa**</u>

Mera gussa dikta hai
Mera shak dikta hai
Meri ladaai dikti hai
Kaash tumhe mera pyaar bhi dikta."

6. <u>**Subha-Raat**</u>

Agar woh tumhaara subha ka
Pehla khayaal hai toh
Yakinan raat ka aakhri
Khayaal bhi vahi hoga."

7. <u>**Chod kar mat jaana**</u>

Zindagi bhar
Mujhe satana par
Mujhe kabhi chod
Kar mat jaana…

8. <u>**Bhoolna**</u>

Bhulne ka toh sawaal hee

Paida nahi hota,
Maine nahi mere dil ne
chuna hai tumhe…!!!

9. <u>Shikva</u>

Kya shikva kare
Hum apni kismat ka
Woh log bhi badal gaye
Jo kabhi kehte the.
Yakin karo!
Hum sabki tarah nahi hai.

10. <u>Gehere hote hai…</u>

Khaamosh chehere par hajaro
Pehere hote hai,
Hansti aankho mein bhi jaqam
Gehere hote hai.
Jinse aksar root jaate hai hum,
Asal mein unse hee rishtey jyaada
Gehere hote hai…
Ye dosti ka bandan bhi bada
Ajib hai, mil jaaye toh baatein
Lambi aur bichad jaaye toh yaade
Lambi…

11. <u>Mohabbat</u>

Kisi ko paa lena
Ya haasil kar lena hee
Mohabbat nahi hoti,
Majha toh tab hai jab
Paane ki ummhid bhi na ho
Aur phir bhi mohabbat ho…!!!

12. <u>Neend</u>

Neend bhi kitni ajeeb
Cheez hoti hai,
Aa jaaye toh sab-kuch
Bhula deti hai.
Aur na aaye toh bahot
Kuch yaad dila deti hai…

13. <u>Sirf</u>

Sirf I love you bolne se
Pyaar nahi hota,
Pyaar karne ke liye
Attitude aur ego ko
Bhulaana padta hai.
Ek dusre ki care aur
Respect karni hoti hai…!!!

14. <u>Mai aur Tum</u>

Mai dil hu aur tum

Saans ho meri,
Mai jisma hu aur tum
Jaan ho meri,
Mai chaahat hu aur tum
Khwaahish ho meri,
Mai nasha hu aur tum
Aadat ho meri…

15. <u>Chakkar mein</u>

Nazar mile toh
Use izahar kehte hai
Raat ko neend na aaye toh
Use pyaar kehte hai
Aur jo inn sab chakkaro mein
Na pade use samajdaar
Kehte hai…

16. <u>Pyaar</u>

Log kehte hai pyaar use karo
Jisse tum pasand karte ho
But hum kehte hai pyaar
Use karo jo tumhaari feelings
Ko samjhe, tumhaari izzat kare
Aur ek situation mein tumhaara
Saath de.

17. <u>Rishtey</u>

Kitne ajeeb
Rishtey hai yaha,
Saath ho toh aaisa
Lagta hai jaise kabhi
Juda hee na honge
Aur toothe aaise hai jaise
Kabhi jaan pehechaan hi na thi…

18. <u>**Vaqt toh lagta hai….**</u>

Nahi kuch milta aasaani se magar,
Mehenat karne par bhi
Vaqt toh lagta hai….
Ped tum laga do kajoor ka ya
Babul ka,
Kaante ya fal lagne mein bhi
Vaqt toh lagta hai….
You toh khub gire hote hai
Baadal aakash mein,
Par baarish ke girne mein bhi
Vaqt toh lagta hai….
Dekhne mein toh sab dil
Ko bhaa jaate hai,
Par dil mein utarne mein
Une bhi vaqt toh lagta hai….
Gar jo ho jaaye kisi humnaava
Se geele,
Toh dil se utarne mein use
Bhi vaqt toh lagta hai….

Vaqt toh gujar jaata hai
You hee vaise toh,
Par kabhi vaqt gujarne mein
bhi vaqt toh lagta hai….
Vaqt toh bahut hai hum sabke
Paas magar,
Har pal ki samajne mein
vaqt toh lagta hai….
Khushiyaan hee barasti hai chaaro
Taraf magar,
Khushiyaan ko batorne mein
Vaqt toh lagta hai….
You toh bahot hai jeene ki raahe
Magar,
Manjil tak pahuchne mein
Vaqt toh lagta hai….
Raahi hai milte you toh har
Raaha mein magar,
Humraahi ke milne mein
Vaqt toh lagta hai….
Daava karte hai sabko samajne
Ka magar,
Kabhi khud ko parakne mein bhi
Vaqt toh lagta hai….

19. **Khudha**

Mai bhale hee woh kaam
Nahi karta jisse khudha mile…

Par woh kaam jaroor karta hu,
Jisse duha mile…
Insaaniyat dil mein hoti hai,
Haisiyat mein nahi…
Uparwaala karma dekta hai,
Vashiyat nahi…

20. <u>**Aankhen**</u>

Jinki aankhen aasu
Se nam nahi,
Kya samjte ho use
Koi gam nahi,
Tum tadap kar ro diye
Toh kya huha,
Gam chupa ke hasne waale
Bhi kam nahi…

21. <u>**Kitaab**</u>

Zindagi par kitaab likhunga
Usme saare hesaab likhunga…
Pyaar ko vaqt gujaari likkar
Chahato ko mohabbat likhunga…
Huhi barbaad mohabbat kaise
Kaise bikhre hai khwaab likhunga…
Apni khwaayish ka anubhav karke
Naam tera jawaab likhunga…
Teri aanken sharaab jaise nashili

Tera chehera gulaab likhunga…
Mai tujhse judaii ka sabab
Apni kismat kharaab likhunga…

22. <u>Yaade</u>

Na woh aa sake,
Na hum kabhi ja sake
Na dard dil ka kissi ko
Suna sake,
Bas khaamosh baite hai
Unki yaado mein,
Na usne yaad kiya
Na hum use bhula sake!

23. <u>Chahane Waale</u>

Tumhe chahne waale kam
Na honge…
Vaqt ke saath shaayad hum
Na honge…
Chaahe kisi ko kitna bhi
Pyaar dena…
Lekin teri yaado ke hakhdaar
Sirf hum hi honge!!!

24. <u>Ajnabee</u>

Ek ladki jo kabhi mere liye

Ajnabee thi,
Zindagi mein aayi
Hum dost bane,
Har baat par hansi-majaak
Ladai jagade karne lage,
Ek dusre se sab baate
Share karne lage,
Ek dusre ki care karna
Accha lagne laga,
Ek dusre ke paas rehna
Khushi dene laga,
Todhi se bhi duriya
Bechain karne lagi,
Aur ab ek dusre ke bina jeena
Na mumkin ho gaya,
Hum dono ek dusre ki
zindagi ban gaye!!!

25. <u>Vaqt</u>

Mere dil ko ab kisi se gila
Nahi,
Dil se jise bhi chaaha woh
Mujhe mila nahi
Badnasibi kahu ya vaqt ki bewafai,
Andhere mein ek Deepak mila
Par woh bhi jalaa nahi…

26. <u>Khush hu</u>

Zindagi hai choti, har pal mein
Khush hu
Kaam mein khush hu, aaram mein
Khush hu.
Aaj paneer nahi, dal mein hee
Khush hu
Aaj gaadi nahi, pedal hee khush hu.
Aaj koi naaraj hai, uske iss andaaz
Se hee khush hu
Jiss ko dekh nahi sakta, uski
Aawaaz se hee khush hu
Jissko paa nahi sakta, usko
Soch kar hee khush hu
Beeta huha kal ja chukka hai,
Uski meethi yaad mein hee khush hu.
Aane waale kal ka pataa nahi,
Intezaar mein hee khush hu.
Hansta huha beet raha hai pal,
Aaj mai hi khush hu
Zindagi hai choti, har pal mein khush hu
Agar dil ko chuha, toh jawaab dena
Varna bina jawaab ke bhi
Khush hu…

27. **_Ek Phool_**

Zindagi ko dekhoge jab
Bhi hanskar, tumhaare saath vaha
Muskuraayegi…

Jab bhi dekhoge use
Udaas hokar shishe ki tarah
Tuth jaayege…
Jab dekhoge use seene mein
Gam rakkar, aag ka dariya
Ban jaayega…
Jab bhi dekhoge use khil-khilakar
Phool ki tarah vaha khil jaayege.

28. <u>Life</u>

Time,
Decides who you meet in your life.
Heart,
Decides who you want in your life.
Behavior,
Decides who will stay in your life.

29. <u>Dost</u>

4 dost, 2 cycle
Khaali jeb aur pura sheher…
Janaab humara ek khoobsurat
Aur ye bhi tha zindagi ka…
Uss daur mein hum socha
karte the ki kuch behetar
haansil karenge…
Humhe kya pata tha
Ki usse behetar khuch

Tha hee nahi…

30. <u>**Dreamer**</u>

Tum khaas hee nahi,
Har ehsaas mein ho,
Dhadakta dil yuhi nahi,
Tum har dhadkan mein ho.
Mulakat hogi pata nahi,
Magar har talaash mein ho.
Talaash puri ho na ho,
Magar har khayaal mein ho.

31. <u>**Chod dena accha hai**</u>

Chod dena accha hai woh sawaal,
Jiska jawaab na mile
Chod dena accha hai woh rishta,
Jaha kadar na hoti ho
Chod dena accha hai woh
Haath, jo waqt par saath chod de
Chod dena accha hai who dost,
Jo matlab ke liye saath chale.

32. <u>**Rishtey**</u>

Rishta woh nahi hota…
Jo duniya ko dikhaaya jaata hai
Rishta vaha hota hai…

Jisse dil se nibhaaya jaata hai
Apna kehne se koi apna nahi hota.
Apna woh hota hai…
Jisse dil se apnaaya jaata hai.

33. <u>**Love You Mummy**</u>

Hum woh aakhri peedi hai
Jinke paas aaise maasum maa hai jinka:-
Na koi social media par account hai.
Na koi selfie ka shauk hai.
Unhe ye bhi nahi pata ki smartphone ka lock kaise khulta hai.
Jinko naa apni janmatithi pataa hai.
Unhone bahut kam sukh-suvidhaaho mein apna pura Jeevan gujaara,
Bina kisi shikaayat ke.
Ji haa hum aakhri peedi hai…
Jinke paas aaise maa hai…
LOVE YOU MUMMY!!!

34. <u>**Chaahat kya hoti hai**</u>

Chaahat kya hoti hai,
Jiski kami aap har pal
Mehsus kare,
Chaahat woh hoti hai…
Ye kisi umra ki mohataaz
Nahi hoti,
Jab jisse hona hai ho jaati hai…
Kabhi-kabhi zindagi mein aage badte huhe,

Ek anjaane ajnabee se koi rishta jud jaata hai..
Aur ek sacchi dosti mein badal jaata hai…
Chaahat woh hoti hai.!!
Kissi ko paana hee nahi
Kissi ke saath samay bitaane,
Baat karne se jo sukoon milta hai,
Chaahat woh hoti hai..!!
Jiske saath aap apna sukh-dukh
Baatna chahate hai,
Chaahat woh hoti hai…
Ye woh jajbaa aur aaisaas hai,
Jiska koi naam nahi hota,
Jo behad khoobsurat hoti hai.

35. <u>Pyaar</u>

Tera saath….
Teri baatein….
Teri care….
Teri respect….
Tera pyaar….
Bas yahi chahiye mujhe….

36. <u>Duniya…</u>

Mai nahi jaanta ki tumse itna pyaar
mujhe kab huha
Kab maine tumhaare saath apni
Zindagi ke sapne banaane shuru kiye

Kab maine duhaho mein maanga ki
bas yahi chahiye
Mai bas itna jaanta hu ki ab
Tum mere sab kuch ho,
Meri pyaari see duniya
Bas tum hee ho..

37. <u>Zindagi</u>

Zindagi mein log milte hai,
"Har baar"!
Aur acche lagte hai,
"Kuch ek baar"!
Kuch dost bante hai,
"Ek baar"!
Par yaad aate hai,
"Umra Bhar"!

38. <u>Malaal</u>

Tune jo choda tha dil mein,
Bas woh malaal likhta hu,
Dekho na, ye log kehte hai,
Mai kamaal likhta hu…

39. <u>Galtiyaan</u>

Pyaar mein choti-choti
Galtiyon ko maaf kar dena chahiye,

Kyunki galti tumhaari ho ya meri,
Rishta toh humara hai na…

40. <u>**Yaade**</u>

Pata nahi kitna
Pyaar ho gaya hai tumse
Naaraz hone par bhi
Tumhaari bahut yaad aati hai.

41. <u>**Relationship**</u>

Har relationship mein 3 log hote hai:-

- *Ladka*
- *Ladki*
- *Unke breakup ka wait karne waala GF ka best friend.*

42. <u>**Fikar**</u>

Baate tujhse beshak
Kam ho gayi hai,
Par teri fikar har pal
rehti hai…!!!

43. <u>**Lonely**</u>

Insaan chaahe kitna bhi
Khush kyu na ho lekin,

Jab woh akela hota hai toh
Sirf uss insaan ko
Yaad karta hai jisse woh
Dil se pyaar karta hai…!!!

44. **<u>Dil</u>**

Khuda pyaar sabko deta hai…
Dil bhi sabko deta hai…
Dil mein basne waala bhi sabko deta hai…
Lekin dil ko samajne waala nasib
Waalo ko hee deta hai…

45. **<u>Badal Gaya</u>**

Kasti hai puraani magar
Dariya badal gaya
Meri talaash ka bhi toh jariya
Badal gaya…
Na shakla badli, na hee badla
Meri kirdhaar
Bas logo ke dekhne ka
Nazariya badal gaya…

46. **<u>I MISS YOU</u>**

Dil karta hai ek patthar par
Likhu I MISS YOU aur woh
patthar tumhaare seer par de

Maaru,
Taaki tumhe pataa chale
Tumhaari yaad kitna dard deti hai…!!

47. **Dekhna**

Sab kuch badal gaya
Zindagi mein,
Bas ek tujhe dekhne ki
Aadat aaj bhi vahi hai.

48. **Love Mist**

Mai khud hairan hu ki tujhse
Itni mohabbat kyu hai mujhe,
Jab bhi pyaar shabda aata hai
Chehera tera hee yaad aata hai…

49. **Mulaaqat**

Are meri jaan
Din hua hai toh raat bhi hogi
Tu tension mat le
Teri meri mulaaqat bhi hogi.

50. **Love**

Pyaar kab huha,
Kaise huha,

Kuch pata nahi,
Bas itna jaanta hu,
Tumse huha, tumse hai,
Aur tumse rahega…!!!